À ma femme, Gabriele, qui a encouragé mes rêves éléphantesques de devenir écrivain, et à mes filles Christine et Céline. Que vous puissiez avoir un avenir avec des éléphants sauvages.

-RGdeR

# Maman des éléphants
## L'histoire de Daphne Sheldrick

R.G. de Rouen -illustré par Katéryna Rohotova

Pour Daphne, il n'y avait rien de plus beau que la vallée du Grand Rift en Afrique, sa terre natale.

Elle aimait l'immensité de ses terres, le bleu radieux de son ciel et, surtout...
ses animaux.

Le paysage était parsemé de grands troupeaux qui faisaient penser aux taches d'un léopard.

Et elle s'imaginait parmi eux.

Sauvage et libre !

Se promener avec des animaux sauvages était tout à fait normal pour Daphne.

Il y avait Bob l'impala, Daisy le cobe à croissant et Ricky-Ticky-Tavey la mangouste. Tous des animaux dont ses parents s'occupaient dans leur ferme au Kenya.

De quel chant d'oiseau s'agissait-il ? Quelle créature avait laissé son empreinte dans la boue ?

Pour Daphne, les merveilles de la nature étaient partout.

Daphne était assez jeune lorsqu'on lui confia une antilope orpheline. Elle l'appela Bushy et était déterminée à être la mère qu'il avait perdue.

"Un animal sauvage n'est qu'emprunté », lui rappelait son père. « Si tu l'aimes vraiment, tu devras le libérer lorsque la nature l'appellera".

Daphne le promit. Pourtant, ne voulant pas perdre Bushy, elle accrocha une petite cloche autour son cou.

DING, DING, DING  la cloche sonnait alors qu'il trottait après elle.

Jusqu'au jour où…

Bushy disparu. Les larmes de Daphne auraient pu inonder une rivière. Elle aurait tout donné pour retrouver son ami.

Daphne grandit et se maria à un homme qui partageait la même passion pour les animaux et la nature. David Sheldrick était alors gardien d'un grand parc national appelé Tsavo.

Ils campaient souvent près d'un point d'eau pour observer les animaux qui venaient s'y abreuver.

Leurs préférés étaient les éléphants. Ils s'approchaient en silence avec une telle grâce ! Les éléphants se saluaient en poussant des barrissements comme de joyeux sons de trompettes et en émettant des grondements.

Qu'ils étaient majestueux !

Daphne et David auraient aimé que tout le monde pense la même chose de ces merveilleux animaux.

Malheureusement, ce n'était pas le cas.

Des braconniers pénétrèrent dans le parc à la recherche d'ivoire. David envoya des gardes-chasse par voie aérienne et terrestre pour les arrêter.

Malheureusement, ils trouvaient souvent de petits éléphants qui avaient perdu leur mère à cause de ces chasseurs.

Daphne s'occupait d'eux.

Un jour, un camion arriva avec le plus petit des éléphants. Le cœur de Daphne se serra. Elle savait qu'il avait besoin du lait de sa mère. Pourtant, personne n'avait jamais élevé un éléphant si jeune.

Daphne en serait-elle capable?

Daphne essaya différentes formules de lait pour l'éléphant à qui elle donna le prénom Aisha. Du lait de vache. Du lait maternisé. Rien ne fonctionna. Aisha s'affaiblissait de jour en jour.

C'est alors qu'une boîte de conserve attira l'attention de Daphné. Elle contenait de l'huile de noix de coco. Est-ce que ça marcherait?

En effet!

Bientôt, Aisha reprit des forces. Elle suivait Daphne partout...

dans le jardin,

lors de promenades
dans la nature,

et même pour le thé du matin sur la pelouse.

C'est à ce moment-là que Daphne comprit. Cet éléphanteau avait décidé qu'elle
était sa mère!

Tout allait bien pendant des mois jusqu'à ce que Daphne parte pour quelques jours. Aisha eut mal au cœur et refusa de boire son lait.

Daphne rentra chez elle en toute hâte, mais il était trop tard!

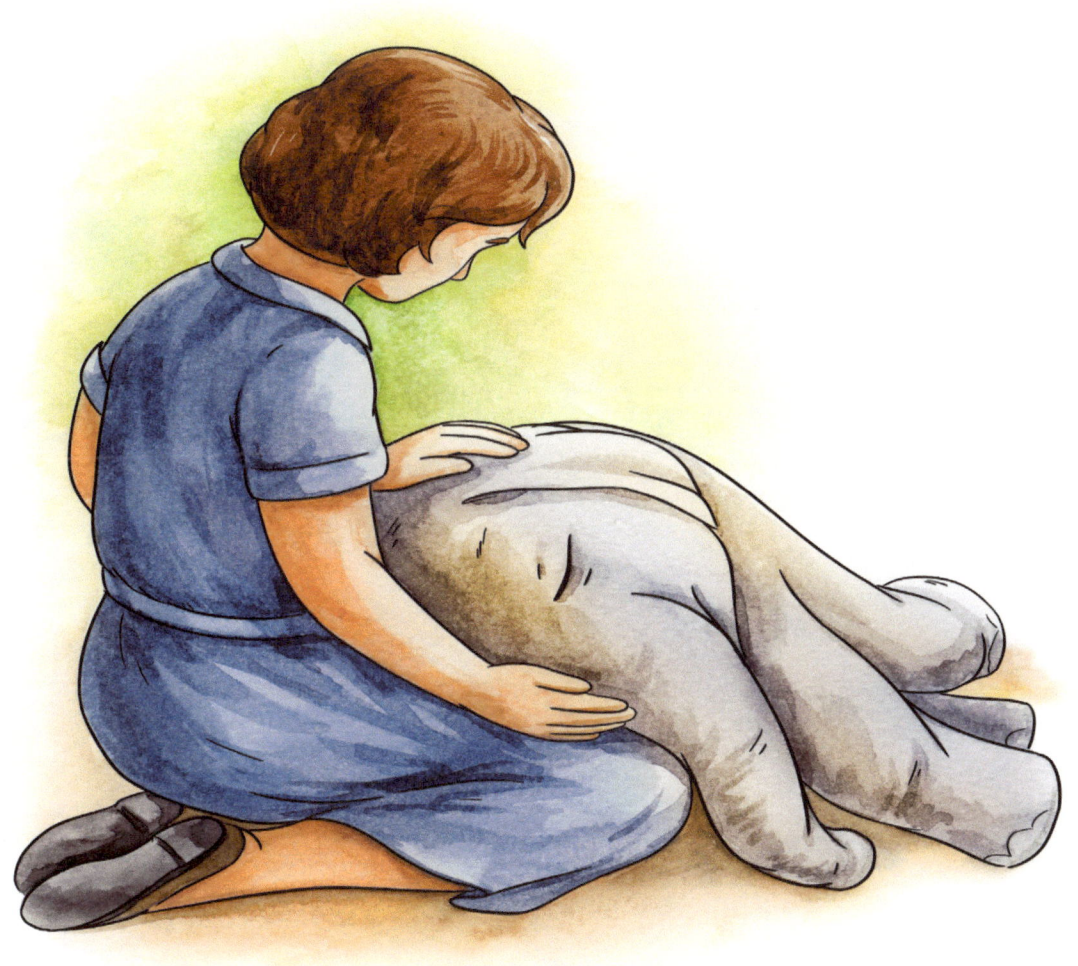

Daphne pleura amèrement en réalisant son erreur. Aisha s'était trop attachée à elle. Dans la nature, les éléphanteaux avaient un troupeau entier pour les guider et les protéger.

Daphne était déterminée à offrir cela à tous les nouveaux orphelins.

Elle embaucha et forma des gardiens pour aider à prendre soin des éléphants orphelins jour et nuit.

L'heure du repas était un moment spécial.

Les gardiens utilisaient une astuce utile pour nourrir les plus jeunes au biberon. Ils se cachaient derrière d'immenses couvertures qui ressemblaient au corps chaud de leur mère éléphante.

Et bien sûr, il y avait aussi des jeux!

Les éléphants s'amusaient à s'éclabousser et à
se pousser dans la boue,

à faire des bulles dans leurs abreuvoirs
ou...

à jouer au foot avec leurs gardiens!

Après une journée bien remplie, personne n'était prêt à aller se coucher.

Certains éléphants avaient besoin d'être attirés dans leur enclos avec une autre bouteille de lait.

Recouverts de couvertures douces, ils passaient la nuit à côté de leurs soigneurs. Les gardiens se relayaient tous les jours afin que les éléphants ne s'attachent pas à une seule personne, comme Aisha l'avait fait avec Daphne.

La nouvelle du projet d'orphelinat de Daphne se répandit rapidement, tout comme les arbres qu'elle avait plantés autour de sa maison.

Daphné avait désormais la recette nécessaire pour aider les éléphanteaux.
Il s'agissait de sa formule spéciale et d'une bonne dose d'amour maternel!

Au fil du temps, les éléphants devinrent assez grands pour rejoindre les troupeaux sauvages.

La joie remplit le cœur de Daphne lorsqu'elle se souvint de ce que lui avait dit son père il y a longtemps. Vraiment aimer un animal sauvage dont on s'occupe, c'est lui offrir la liberté.

Elle vit des dizaines d'anciens orphelins parcourir plusieurs kilomètres pour accueillir les nouveaux venus.

L'heure d'un nouveau départ avait sonné.'

Une vie sauvage et libre!

# ÉLEFACTS

## Défenses droites ou gauches ?

Les éléphants utilisent leurs défenses pour de nombreuses choses, par exemple pour arracher l'écorce des arbres, creuser, soulever des objets, lutter contre les prédateurs ou se battre avec d'autres éléphants. Mais savais-tu que, tout comme les humains sont droitiers ou gauchers, les éléphants peuvent avoir des défenses droites ou gauches ? La défense préférée est connue sous le nom de défense maîtresse.

## Super crème solaire !

Tu as désormais découvert que les éléphants apprécient un bon bain de boue. Mais barboter dans la boue humide n'est pas seulement un plaisir. Tout comme les enfants mettent de la crème solaire pour aller nager à la plage ou à la piscine, les éléphants doivent aussi le faire. Cela n'a pas l'air d'être le cas, mais leur peau épaisse est très sensible. Pour se protéger du soleil brûlant, les éléphants s'enduisent de boue ou de sable. Cela permet également d'éloigner les insectes nuisibles ! Une fois secs, ils ont une protection solaire instantanée.

## Contrôle musculaire

Les trompes des éléphants sont assez puissantes pour déraciner un arbre, mais assez délicates pour ramasser la moindre baie. Cependant, les éléphants ne naissent pas avec la capacité de contrôler les milliers de muscles de leur trompe. Ils doivent l'apprendre. Les bébés éléphants sont connus pour trébucher sur leur propre trompe au début. Imagine que tu tombes sur ton propre nez !

## Une puissante mémoire

Grâce à leur incroyable mémoire, les éléphants peuvent retrouver d'anciens chemins de fourrage et localiser des sources d'eau à plusieurs kilomètres de distance. Les éléphants peuvent trouver des points d'eau qu'ils n'ont pas visités depuis des années ou reconnaître des éléphants qu'ils ont rencontrés il y a longtemps. Ainsi, un éléphant n'oublie vraiment jamais !

## Oh là là, quelles grandes oreilles !

An elephant's ears are about 1/6 its body size and, besides being super hearing receptors, they are great at keeping an elephant cool. By merely flapping their ears like giant fans when no wind is present, elephants can make their body temperatures sink by 10 degrees Fahrenheit (12 degrees Celsius). When a wind is blowing, elephants will face into it and spread their ears to capture its coolness.

## Entendre avec les pieds ?

Sur une courte distance, les éléphants captent les sons, comme nous, grâce à leurs oreilles. Sur une longue distance, les scientifiques ont confirmé que les éléphants sont capables d'entendre par leurs pieds. Les ondes sonores provoquées par la trompette se transforment en tremblements que les éléphants au loin peuvent capter avec leurs pieds. Tu parles d'un appel longue distance !

## Super Épandeur

Alors que les éléphants marchent jusqu'à 121 miles ou 195 kilomètres par jour, ils laissent derrière eux des tas de crottes. Ces excréments contiennent non seulement de la nourriture pour des animaux comme les bousiers, mais aussi des graines d'arbres et d'autres plantes. Comme les éléphants répandent de nouvelles pousses très loin, ils sont considérés comme une "espèce clé de voûte", ce qui signifie qu'ils sont importants pour la vie des plantes et des animaux.

## Dormir sur la pointe des pieds

Les pieds des éléphants semblent plats, mais le squelette à l'intérieur montre un talon plus haut que les orteils. Les orteils sont amortis par de gros coussinets. Ces coussinets aident à supporter le poids énorme des éléphants et expliquent aussi pourquoi ils se déplacent si silencieusement. La nuit, les éléphants sauvages ne dorment que deux heures, la plupart du temps sur leurs orteils. De cette façon, ils peuvent être attentifs à tout danger.

## Des défenses pour des bibelots ? Absolument pas !

Les défenses d'un éléphant sont à la fois une bénédiction et une malédiction. Pour les éléphants, elles sont un outil nécessaire à leur survie, mais leurs défenses les exposent également au risque d'être chassés. L'ivoire est principalement utilisé pour fabriquer des bijoux et des statues qui sont vendus sur les marchés du monde entier. De nombreux pays ont interdit la vente d'ivoire. Cependant, beaucoup d'autres doivent se joindre à l'interdiction pour qu'aucun éléphant ne doive souffrir.

# Author's Note

Les graines de ce livre ont commencé lors de ma visite à l'orphelinat des éléphants de Daphne à Nairobi, au Kenya. C'est là que je suis entrée en contact (littéralement) avec un jeune éléphant nommé Imenti qui a commencé à avaler mon bras et à me guider. L'équipe de Daphne m'a dit que c'était un signe prometteur car Imenti se remettait d'une longue maladie. Bien qu'à ce moment-là, je n'ai vu Daphné qu'au loin, j'ai pu sentir l'amour que sa présence insufflait à ses petits protégés.

En tant qu'enseignante, j'ai vécu un moment fort lorsque ma classe a décidé d'adopter Imenti. Nous avons reçu des rapports réguliers sur ses soins et ses progrès. C'est grâce à Daphné et à son équipe qu'Imenti et d'autres orphelins comme lui sont aujourd'hui en vie et prospèrent dans les régions sauvages d'Afrique.

À ce jour, l'organisation de Daphne a élevé à la main plus de 300 éléphants. L'unité vétérinaire mobile a soigné des milliers d'éléphants blessés par des pièges, des flèches empoisonnées, des combats territoriaux ou des maladies. Le plus grand témoignage de la réussite du projet des orphelins de Daphne est probablement le fait que plus de 30 bébés sont nés dans la nature d'anciens orphelins. Le plus attachant, c'est que ces mêmes anciens orphelins sont revenus rendre visite à Daphné et à leurs anciens gardiens au fil des ans.

Il y a beaucoup d'événements de la vie de Daphné que je n'ai pas pu inclure dans ce livre. Daphne était connue pour avoir sauvé la vie non seulement d'éléphants, mais aussi de nombreux autres animaux. Son cœur battait pour toutes les créatures vivantes et elle ne connaissait jamais le mot "non" quand on avait besoin d'aide. Elle a fait l'objet de plusieurs articles et films du National Geographic et de PBS, ainsi que d'un film IMAX, Born To Be Wild. Elle a même été anoblie par la reine Élisabeth II et est devenue connue sous le nom de Dame Daphne Sheldrick.

Malheureusement, Daphne est décédée le 12 avril 2018 à l'âge de 83 ans après une longue maladie. Surnommée "la mère des éléphants", elle est restée auprès des éléphants qu'elle aimait jusqu'à la fin. Son héritage se poursuit avec ses filles, Jill et Angela, et ses petits-enfants. Les éléphants ont-ils senti la mort de leur grande mère ? Angela raconte que le matin suivant le décès de Daphné, tous les orphelins d'éléphants s'étaient mis en file indienne pour passer devant elle. "C'est quelque chose qu'ils n'avaient jamais fait auparavant", dit-elle. Ses paroles illustrent une fois de plus à quel point les éléphants sont capables d'empathie.

Pour plus d'informations sur Daphné, tu peux visiter le site sheldrickwildlifetrust.org en ligne ou lire des livres ou des articles sur elle. Mon préféré est The Unsung Heroes (Les héros méconnus), dans lequel Daphne rend hommage aux nombreux rangers, gardiens et membres des tribus locales, ainsi qu'aux femmes qui ont réparti l'amour de la famille pour les éléphants.

# BIBLIOGRAPHIE

Calkin, Jessamy. "The Woman Who Fosters Elephants in Kenya." The Telegraph, Telegraph Media Group, 24 February 2012.

Chadwick, Douglas. "35 who made a difference: Daphne Sheldrick." Smithsonian.com, 1 November 2005.

Chu, Simon, director. MyWild Affair: The Elephant Who Found a Mom, Season 1, episode 2, PBS, 14 January 2014.

Clifton, Merrit. "Daphne Sheldrick, 83, Showed Kenya That Wildlife Is Worth Most When Alive, " Animals 24-7, 15 April 2018.

Clifton, Merrit, et. al. "A Matriarch Remembers, by Daphne Sheldrick, D.B.E. (1934-2018)" Animals 24-7, 14 April 2014.

Cressey, Daniel. Q&A: "Elephant rescuer." Nature, volume 476, p. 281. 18 Aug. 2011.

Laffrey, Anna. "Mama elephant': How Daphne Sheldrick changed the fate of elephants worldwide." CNN. 15 August 2018.

Lickley, David, director. Born To Be Wild. IMAX 3D, 2011.

Neme, Laurel. "Elephant Foster Mom. A Conversation with Daphne Sheldrick," National Geographic, 6 December 2013.

Sheldrick, Daphne, and Mia Collis. The Unsung Heroes. Sheldrick Wildlife Trust, 2019.

Sheldrick, Daphne. An African Love Story Love, Life and Elephants. Penguin, 2013.

# À propos de l'auteur

**R.G. de Rouen** est originaire de Carmel, en Californie, et travaille depuis plus de 25 ans en tant qu'enseignant du primaire dans des écoles internationales du monde entier. Il est diplômé de l'Institute For Children's Literature dans le Connecticut et aime enseigner les techniques d'écriture créative à ses élèves.

Regarder les éléphants au bord d'un point d'eau avec sa femme est le meilleur souvenir de R.G. de Rouen lors d'un safari au Kenya !

# À propos de l'illustratrice

**Kateryna Rohotova** (Kate) est une illustratrice ukrainienne. Elle est diplômée de l'Institut d'État de la culture et des arts de Luhansk en tant qu'artiste numérique. Elle a travaillé pendant huit ans en tant qu'artiste 2D dans l'industrie du jeu, mais en 2018, elle est devenue artiste indépendante. Désormais, ce qu'elle préfère dans son travail, c'est créer des illustrations à l'aquarelle pour des livres pour enfants. Ses passe-temps incluent l'artisanat fait main, la photographie, la cuisine et les aquariums, mais le dessin est la principale passion de sa vie.

## Que peuvent faire les enfants pour aider ?

-N'achète pas d'objets contenant de l'ivoire.

-Renseigne-toi pour savoir si l'ivoire a été interdit dans ton pays. Si ce n'est pas le cas, tu peux écrire à ton gouvernement pour lui demander d'adhérer à l'interdiction de la chasse et du commerce de l'ivoire.

-Adopte un éléphant et reçois des mises à jour sur les progrès de l'orphelin en visitant leur site Web pour plus d'informations : https://www.sheldrickwildlifetrust.org

Renseigne-toi sur les autres programmes de protection des éléphants dans lesquels tu pourrais apporter ton aide.

---

**MERCI**
**Voilà pour l'achat de ce livre !**

J'espère que vous avez apprécié cette histoire de vie vraiment inspirante de Daphné Sheldrick. Je vous serais très reconnaissant si vous laissiez un commentaire.

En **BONUS** pour votre achat, procurez-vous mon PDF **GRATUIT**, comprenant une scène supplémentaire et une activité amusante de glace dans un sac !
R.G. de Rouen

**Obtenez GRATUITEMENT votre scène supplémentaire et votre activité de crème glacée**

**www.rgderouen/icecream**